AF482269

Mémoire Ésotérique

Mémoire d'une élève vatesse en devenir

Mémoire Ésotérique : Mémoire d'une élève vatesse en devenir

Écrit et édité par Gwinn Munidh

gwinn.munidh@gmail.com

Pour tous questionnements, demandes, remarques ou si vous vous en sentez simplement l'envie, n'hésitez pas à contacter l'auteure de l'ouvrage.

ISBN : 9798669226923

Dépôt légal : DATE 2021

Préambule

J'ai écrit ce livre dans le but d'exposer ma vision des choses sur le monde ésotérique en essayant de rendre le tout simple à la compréhension. Il s'agit à l'origine d'un devoir donc j'en profite pour remercier les personnes sans qui je n'aurai probablement jamais écrit ce livre. Enfin, il ne s'agit ni d'un document initiatique ni d'une présentation quelconque d'une religion existante ou non. Malgré l'origine de ce livre, il ne reflète que ma vision personnelle sur le sujet. Voyez-y un livre écrit pour un travail de recherche plutôt qu'un livre purement ésotérique.

Chapitre 0 : Généralités

Pour cet écrit, je vais vous parler de la magie[1] et ce que sont selon moi son utilité et son fonctionnement.

Histoire Rapide de la magie

La magie a existé, existe et existera éternellement. Depuis la naissance de l'humanité, la magie est pratiquée. On a relevé que les néandertaliens et même les Homo-Erectus concevaient l'existence de la magie à travers l'animisme ou certaines pratiques probable autour du feu notamment que l'on a pu constater sur des peintures dans des grottes. Nous avons également retrouvé des statuettes de femmes avec une tête en forme de phallus. Il faut tout de même se mettre à la place de ces communautés à une époque où il n'existe pas de science et où tout est de sources magiques ou divines pour eux.

La magie a donc été pratiquée depuis toujours et a simplement évolué et les peuples l'ont adapté à leurs modes de vie. Nous avons constaté des pratiques magiques chez toutes les civilisations ayant existé (Aztèque, Maya, Égyptiennes, Celtique et bien d'autres). Mais aussi au sein de nos cultures modernes comme la chrétienté, l'islam, le judaïsme, le bouddhisme par exemple. Toutes les religions à ma connaissances contiennent de la magie. Déjà parce qu'il s'agit de religions ayant une ou plusieurs puissances divine pour la majorité, mais aussi, car la magie ne s'arrête pas à un simple rituel. Une philosophie visant à l'épanouissement personnel et la recherche de son soi, même sans religion, contient également de la magie, une méditation, mise en situation ou auto persuasion…

---

[1] Ce que la science ne parvient pas à expliquer

Je ne vais donc pas détailler toute l'histoire de la magie, mais il faut lire ce document en prenant compte que selon moi la magie existe depuis toujours et continuera d'exister. Je vais donc procéder à une explication détaillée de celle-ci à présent par différents chapitres ayant chacun leur utilité et devant être lus dans l'ordre. Commençons par des définitions personnelles qui permettront de mieux comprendre mes mots.

Sorcier ou Mage

Dans l'imaginaire collectif, beaucoup pensent que le mage et le sorcier sont le même type de praticien. Et pourtant, tout comme le barde et le vote pratiquent tous deux la magie, ils ne pratiquent pas la même magie et ne pratiquer pas de la même façon.

Nous n'aborderons pas toutes les façons de pratiquer et leurs différences dans chaque voie. Nous allons voir simplement deux types de praticiens assez génériques et pouvant être appliqués à beaucoup de voies ésotériques.

Sorcier

Le sorcier pratique la magie, maîtrise des techniques et il considère cela efficace. Il ne va pas chercher à comprendre comment cela fonctionne ni étudier les mécanismes en jeux. Il se fie majoritairement à son intuition pour créer son rituel et non pas à des règles prédéfinies contrairement au mage. La théorie ne l'intéresse pas, il veut du résultat. Pour un sorcier, si le rituel n'a pas marché c'est soit que le rituel ne fonctionne pas. Soit qu'il n'y a pas mis assez de volonté. Enfin, le sorcier ne considère pas de retours possibles ou de conséquences en cas d'échec.

En France par exemple, la magie la plus connue est la magie des campagnes. C'est le meilleur moyen d'illustrer le comportement des sorciers. Il s'agit de techniques connues depuis des générations et qui se transmettent au sein des familles. Les nouvelles générations ne savent pas pourquoi cela marche, mais elle ne cherche pas non plus réellement à comprendre. L'essentiel étant que le résultat soit là alors on continue et l'on fait ce que l'on se sent de faire. Ils pratiquent majoritairement avec les énergies basses : la nature, les éléments, le petit peuple…

Ils vont s'affilier à des voies comme le vaudou où l'on retrouve une grande liberté en matière de pratique et de force utilisées, mais aussi une voie où il y a des rites de passage et une évolution possible qui est assez douce et pas extrêmement stricte. Ils préféreront donc une voie orientée sur l'individualité, leur propre vécu, leur cheminement sera donc très personnel et différent de chacun.

Mage

Le mage, lui, pratique aussi la magie, mais d'une façon un peu différente. Il va chercher à comprendre et à savoir comment la magie fonctionne dans son plus profond. Le mage cherche et ne veut pas appliquer bêtement un rituel même s'il fonctionne. Il veut comprendre quelles sont les forces et les lois utilisées ainsi que leurs fonctionnements.

Eux, contrairement aux sorciers pratiquent dans un cadre beaucoup plus strict. Ils agissent avec des règles, des lois et des méthodologies bien définies. La théorie est aussi importante que la pratique.

Le mage pense que s'il ritualise sans connaître ce qu'il se passe et sans comprendre la portée symbolique de son acte, le rituel ne fonctionnera pas, voire aura même des conséquences sur lui.

Ils pratiquent plutôt avec les énergies hautes, plus abstraites et conceptuelles. Ils recherchent une union avec le concept de divin. Ils ont une notion de filiation importante et préfèrent souvent s'inscrire dans une lignée de praticiens partageant un tronc commun de pratiques, rituels, etc... Ils ont tendance à s'inscrire dans des mouvements ésotériques où mes grades sont stricts.

Chapitre I : Intention magique

Dans cette partie, je vais décrire les deux types d'intentions existant en magie d'après moi. Je vais d'abord parler de l'intention amicale puis de l'intention nuisante. L'intention est intrinsèquement liée à votre souhait. Il n'existe pas de magie bonne ou mauvaise. en effet, le bon et le mauvaise n'existent pas et si votre intention correspond et respecte votre volonté et que vous êtes en conscience, cela sera donc parfait. Mais si vous n'êtes pas en conscience ou que votre volonté ne s'accorde pas avec votre intention, il peut alors s'agir d'une erreur ou d'une faute qui sera potentiellement punie, mais nous aborderons cela dans le chapitre sur les manquements.

Amicale

Donc, en premier je souhaite parler de l'intention amicale. La plus souvent reconnue et appréciée qui est donc nommée magie blanche par certains groupes. Je vais également vous expliquer pourquoi même avec une intention amicale, la magie n'est pas toujours si blanche comme on peut souvent l'entendre.

Selon moi, ce que je nomme intention amicale est l'intention de protéger, guérir, renforcer, etc… En effet, votre rituel doit avoir un but précis et à travers l'intention amicale, on aura généralement pour but de protéger une personne. Cependant on peut à travers l'intention de protéger, vouloir faire quelque chose jugé comme mal, typiquement, protéger une entité souhaitant retirer la vie d'une personnes bien précise, que ce soit pour protéger quelqu'un d'autre ou simplement par souhait. L'intention en ce cas est amicale, en soit on ne ferai que protéger et pourtant retirer la vie également.

Via cet exemple, ce que je souhaite vous faire comprendre, c'est que si votre conscience ne tolère pas de tuer quelqu'un, et bien même si votre intention est amicale, il s'agira là d'une faute qui pourra être punie, et il vous faudra vivre avec cela comme un poids et vivre avec un poids sur sa conscience implique le remord qui ne fera que créer une faille en vous qui peut être exploitée.

Vous en conviendrez, si l'intention amicale est si mitigée et peut être tant jugée bonne que mauvaise par rapport à votre conscience, il en est de même pour l'intention nuisante.

Nuisante

Comme vous l'avez sûrement compris, il s'agit là de l'opposée à l'intention amicale et comme pour celle-ci, je vais vous montrer que même avec une intention nuisante, la magie n'est pas toujours si mauvaise.

L'intention nuisante est l'intention d'empoisonner, de tuer ou d'emprisonner par exemple. Des choses qui en soit ne sonnent pas très positives aux oreilles de tout le monde et pourtant… Nous pouvons très bien aider une personne en détruisant une entité par exemple, ou en prenant le contrôle de celle-ci pour la forcer à arrêter de nuire à quelqu'un. On utilise en fait notre intention dans un but et non l'inverse.

Il ne faut pas partir de son intention pour atteindre son objectif. On ne pense pas « Je veux protéger mon ami donc mon intention est amicale. » Il vaut mieux partir du but pour trouver l'intention la plus appropriée. « Je veux arrêter cette entité qui contrôle mon ami. » De là on vérifie que cela respecte notre conscience et notre envie pour éviter la faute et l'on s'adapte à celles-ci.

Chapitre II : Type de magie

Dans ce chapitre, nous aborderons les types de magie couramment utilisées. En effet, il existe deux types principaux que sont : la magie opératoire et la magie dite naturelle. Je vais donc tâcher de vous décrire le fonctionnement de chacune d'elle ainsi que leurs utilités et différences.

Opératoire

Commençons donc par la magie opératoire. Cette magie est réfléchie méticuleusement, c'est la magie de rituelle. Tout est calculé dans les moindres détails pour exercer. Une parole, un son, un support quelconque. Cette magie se pratique dans le strict respect des règles établies pour un rituel et doit être parfaitement maîtrisée.

Ce type de magie peut prendre en compte le jour, la lune, l'heure planétaire, le lieu consacré, les objets, les supports appropriés, les gestes, etc... L'essentiel étant, de respecter le rituel créé et calculé à l'avance.

Le rituel est calculé bien sûr par rapport à votre volonté, vos connaissances, vos pratiques bien sûr mais aussi votre objectif. Pour un même but, deux praticiens ne procéderont peut-être pas aux mêmes rituels. L'essentiel est que cela fonctionne pour vous. Il faut donc créer un rituel à la hauteur de vos connaissances et de vos capacités, en magie, on ne pratique pas sans en avoir les capacités.

Naturelle

La magie que je nomme comme magie naturelle est assez simple à comprendre. Il s'agit de la magie des éléments en grande partie, eux-même étant plus souvent connus comme les éléments feu, terre, eau et air. Mais attention cependant, il ne s'agit pas du feu avec des flammes ou même de la terre que l'on trouve partout autour de nous. Il s'agit en fait de mots génériques utilisés pour définir des choses sur lesquelles il n'y a pas réellement de mots. En revanche, les éléments composent tout ce qui est physique.

La connaissance des éléments est donc importante et permet de pratiquer avec une meilleure maîtrise. La magie naturelle permet d'agir ou d'utiliser une chose en fonction des éléments qui la composent. Il faut donc comprendre que cette magie est celle qui compose le corps physique alors que la magie opératoire peut agir tant dans le physique que le non-physique. Enfin ces deux types peuvent se combiner sans soucis, on peut ainsi créer tout un rituel basé sur les éléments par exemple.

Chapitre III : Éléments

Le feu, la Terre, l'eau et l'air sont ceux qui composent tout corps physique. Chacun d'eux peut être transmuté au contact d'un autre. La Terre quant à elle peut également transmuter les autres éléments en elle et peut leur donner une forme. Les notions de temps, d'espace, la mesure ou encore le poids existent grâce à elle. Connaître et maîtriser les éléments permet donc d'appréhender tout ce qui est, du fait de sa nature. On peut donc utiliser, contrôler, agir sur une chose, en fonction des éléments qui la composent.

Propriétés

Voici un tableau récapitulatif des éléments et de leurs propriétés :

feu	Terre	eau	air
chaud et sec	froide et sèche	froide et humide	chaud et humide
léger	lourd	lourd	léger
clair	obscure	obscure	clair et obscure
constructeur, dissolvant, pénétrant	épaisse, reposante	constructive, dissolvante	pénétrant, générateur, destructeur
actif	passif	passif	actif
raréfie et est en mouvement	épaissie et est immobile	épaissie et est en mouvement	raréfie et est en mouvement
masculin	féminin	féminin	masculin
polarité positive et négative	polarité négative	polarité positive et négative	polarité neutre
esprit vital	os	émotions	chair
graines	racines	sucs	fleurs
expansif	contractif	contractif	expansif
entendement	sens physique dans l'ensemble	imagination	raison
vue	toucher	odorat et goût	ouïe
colère	réflexion	paresse	joie
salamandres	gnomides	ondines	sylphes

Pratique

Dans la pratique, si l'ont souhaite obtenir un effet en particulier, on utilisera une propriété en abondance. Et à une propriété indésirable, on utilisera une propriété désirable pour contrebalancer. Si l'on souhaite lutter contre une quelconque propriété associée à l'eau, on prendra le feu qui est le strict opposé de celle-ci. On choisira alors des supports associés au feu afin de maximiser les chances de réussites.

Chapitre IV : Supports

Il existe trois différents types de supports. Ce sont des aides à la pratique magique et sont en quelques sorte des réconforts pour le praticien. Des objets, des plantes, la parole, l'invocation, etc… Nous allons donc voir ensemble ces trois types qui sont donc : les supports extérieurs, intérieurs et spirituels. Ils sont en quelques sortes complémentaires et peuvent donc tout à fait être utiliser ensemble.

Le support sert de continuité à son âme, c'est en quelque sorte la prolongation de son humain[2] dans le physique, la continuité de son humain même sur les autres plans. On ne plaisante donc pas avec leurs usages. Certaines personnes ne ressentent pas le besoin d'utiliser les supports, d'autres oui, mais comme pour tout : il faut savoir les comprendre pour les maîtriser et les maîtriser pour pratiquer avec eux.

Extérieurs

Les supports extérieurs sont tous les supports étant physiques. Il peut s'agir là d'un alphabet, d'un encens, d'un athamé, d'un pendule, d'un grimoire ou tout autre objet. En plus d'être la prolongation de l'humain dans le plan physique, ils sont également la projection de sans propre conscience dans celui-ci.

Intérieurs

Les supports intérieurs sont les supports que l'on a en soi. La parole, les gestes, l'imagination, la volonté. Les paroles

---

2 L'humain sera abordé dans le chapitre VII. Il s'agit là d'une des trois parties qui composent l'Être Humain

sont les mots sacrés à maîtriser que ce soit dans la prononciation, l'intonation, le sens. Tout ce qui est prière, incantation ou même chant a trait à la parole et a donc un potentiel magique. Enfin, les supports intérieurs sont la prolongation de l'humain dans la conscience

Spirituels

Les supports spirituels sont à utiliser avec grande maîtrise du reste. Il s'agit là de supports que l'on utilise lorsque les supports extérieurs et intérieurs ne suffisent pas, ou lorsque notre objectif ne peut être franchi qu'au travers d'un support tel.

Il s'agit là simplement d'un esprit, une entité, une fée, un démon, un ange, une divinité, un Égrégore[3]. En soit, il s'agit d'un parèdre que l'on utilise pour nous aider à atteindre notre but ou pour le réaliser à notre place. La citation suivante résume assez bien le concept d'un support spirituel :

> « On acquiert un démon comme assistant : il
> te dira tout, il vivra, mangera, et dormira
> avec toi. »
> — Fritz Graf

En somme, diverses pratiques comme la nécromancie ou le chamanisme sont très centrées sur ces supports à travers la mort ainsi que les animaux notamment.

---

[3] Voir le chapitre XI : Égrégore

Chapitre V : Procédés magiques

Les procédés magiques sont simplement l'invocation et l'évocation. L'une est une forme de magie passive où le praticien s'en remet à la volonté de la force qu'il appelle tandis que l'autre est une forme de magie active où le praticien appelle également une force, mais lui donne cette fois l'ordre de réaliser sa volonté.

Invocation

Il s'agit là de la forme de magie ou le praticien fait appel à une force qu'il considère comme étant supérieure à lui, et il demande sur son bon vouloir, d'agir pour accomplir sa volonté. Cet acte montre bien le concept d'intermédiaire à travers l'entité invoquée, c'est finalement un procédé magique indirect. Le praticien n'agit pas lui-même et ne cherche pas à intervenir de manière importante dans le procédé.

Si les conditions le permettent, que le rituel est parfaitement exécuté et que le praticien en a les capacités, une invocation peut engendrer une manifestation physique d'une entité, chose qui n'est pas forcément voulue à l'origine. L'entité peut en effet choisir de se densifier sur le plan du physique pour faciliter la communication et l'échange avec le praticien.

En invocation, il n'y a pas de séparation des espaces consacrés. L'appel à une entité se fait directement dans le cercle. Cela permet de faciliter les communications par possessions partielles ou totales, volontaires ou non et pouvant s'étaler sur le temporel – ce qui est relativement dangereux parfois –. Une possession peut être un cas où une entité prend contrôle du praticien ou bien une simple écriture automatique.

Évocation

En évocation, le praticien cherche explicitement à offrir une interaction beaucoup plus forte avec l'entité avec laquelle il veut travailler dans divers but : une simple négociation, un service, un échange, une offrande ou simplement la communication d'informations. Les rituels évocatoires sont connus pour être les plus durs à maîtriser et les plus complexes à réaliser. La densification des énergies sur les plans proches de nous est souvent difficile pour des êtres physiques.

Dans ce cas là, un espace cérémoniel consacré est requis ainsi qu'un deuxième espace consacré extérieur au cercle comme un triangle évocatoire ou un cercle de confinement qui sert à accueillir l'entité évoquée. Cette séparation des espaces est requise pour des raisons de sécurité évidentes.

En effet. Pour qu'une évocation fonctionne, il faut que le praticien ait une volonté et une stature suffisante pour contraindre une force à agir et accomplir sa volonté. Si la volonté du praticien seule ne suffit pas, il peut aussi faire appel à une force supérieure choisie minutieusement par invocation pour arriver à dompter certaines forces inaccessible pour lui. Certaines entités travaillent sous la soumission et la contrainte, d'autres non. Il faut donc choisir avec quelles forces travailler pour obtenir un résultat convenable et ne pas subir certains retours. Dans certaines voies, il s'agit de soumettre l'entité et la contraindre pour avoir ce que l'on souhaite, alors que dans d'autres la pratique étant mêlée à la religion, il est improbable de soumettre son dieu ou sa déesse.

Chapitre VI : Heures planétaires[4]

À présent, nous allons découvrir les heures planétaires, et notamment en quoi elles peuvent impacter la magie. Je vais donc me baser sur le calendrier que j'utilise et un jour aléatoire pour illustrer un exemple. N'oublions pas qu'une journée en heure planétaires est composée de douze heures de jour et douze heures de nuit et quel es heures ne font donc pas soixante minutes. Également, les journées commencent au coucher du Soleil.

Histoire

Les heures planétaires sont réellement utiles et il ne s'agit pas d'un quelconque amusement. En effet, elles permettent de trouver le moment le plus opportun pour faire un travail ésotérique. En effet, l'efficacité même d'un acte est étroitement lié à l'heure à laquelle il est pratiqué. Pour clarifier, si l'on invoque une entité telle qu'une déesse mère qui évolue sur la sphère lunaire, le rituel sera au maximum de son potentiel si l'on exécute celui-ci un lundi à l'heure de la Lune et en pleine lune. En somme : ritualiser aux bons jours et aux bonnes heures permet donc d'utiliser la ligne directe de l'entité ce qui renforce l'efficacité et accentue la facilité à pratiquer.

Un exemple type d'une mauvaise pratique est le suivant : vous souhaitez être protégé par la Grande Déesse soit la Lune qui pourrait être tant Vénus qu'Isis. Vous pensez donc que ce rituel de protection peut fonctionner un mardi à l'heure de Vé-

---

[4] Après édition, le retrait de plusieurs informations s'est imposé. Ce chapitre sera probablement présent dans un prochain livre pour y aborder plus en détail la pratique

nus… Mardi reste le jour de Mars qui est plutôt un symbole de guerre qui n'est pas forcément l'idéal pour un tel rituel qui perdrait probablement de son sens.

Ordre de défilement des planètes

Chaque heure de la journée est gouvernée par une planète. La planète régente de la première heure d'un jour est celle qui a donnée naissance à ce jour.

Lundi	Lune
Mardi	Mars
Mercredi	Mercure
Jeudi	Jupiter
Vendredi	Vénus
Samedi	Saturne
Dimanche	Soleil

Les heures suivantes sont régies par les planètes en suivant l'ordre décroissant des distances avec la Terre :

Saturne, Jupiter, Mars, Soleil, Vénus, Mercure, Lune, Saturne, …

Cet ordre date de Pythagore qui est à l'origine de la perfection du mouvement circulaire uniforme, je vous invite à aller voir le sujet pour avoir plus d'informations quand à sa réflexion.

Calcul des jours et heures planétaires[5]

Tout d'abord, les heures planétaires sont calculées géographiquement. Chaque personnes aura donc un calcul différent puisque le Soleil ne se lève ni ne se couche à la même heure au même endroit. Pour expliquer de façon simple, il faut calculer le temps de présence de jour et le temps de présence de nuit à compter du coucher du soleil puis les répartir en douze heures de jour et douze heures de nuit.

---

[5] Cette section a été retirée pour correspondre à la lecture en cours. (Voir [2] page 27)

Chapitre VII : L'Être humain

Il est temps d'aborder l'Être humain, nous allons donc à présent découvrir ensemble ce qu'est le soi d'après-moi. Pour cela, ce chapitre sera découpé en trois parties qui correspondent aux trois parties de l'Être humain. Nous verrons alors ces trois parties, de la plus accessible à la plus complexe des trois.

Dans un premier temps, nous allons aborder l'homo sapiens, soit l'aspect physique de l'Être humain. Nous verrons ensuite la conscience qui est la partie non physique de l'homo sapiens. Et nous finirons par le mental de l'homo sapiens qui est sa capacité intellectuelle. Nous aborderons ensuite l'humain qui est la partie totalement détachée de l'homo sapiens et qui indépendamment ou dépendaient de celui-ci, peut agir dans le monde et contribuer à la vie de l'Être humain. Enfin nous terminerons ce chapitre par l'interaction entre l'humain et les autres parties de l'Être humains.

Il est important que je précise que nous allons parler d'Être humain dans ce chapitre ce qui prend donc en compte ces trois aspects. Il est toutefois possible qu'un humain ne soit pas incarné dans le physique ou bien incarné dans un autre plan[6] non physique, totalement différent, auquel cas nous parlons donc d'humain et non d'Être humain.

Avant de conclure cette introduction, pour qu'un homo sapiens s'éveil, il faut qu'un humain s'y incarne. Toutefois, il est nécessaire qu'il y ait un potentiel soit naturel, soit à la suite d'un travail poussé de celui-ci dans sa vie avec l'aide de sa conscience afin d'être un bon réceptacle à l'incarnation. Il faudra ensuite qu'il se réveille ce qui est du ressort de sa conscience de

---

[6] Les plans seront abordés dans le prochain chapitre

s'apercevoir de son éveil et de l'intégrer en son sein afin de composer l'Être humain.

Pour terminer et vous l'avez certainement remarqué, je n'ai pas parlé de « soi ». Selon moi le soi est le terme qui est lié à son statut actuel, le soi peut donc être un homo sapiens non conscient, ou conscient, ou bien un humain. Le soi représente l'entité la plus importante de ce qui nous compose.

Le corps physique de l'Être humain

Il s'agit là du corps de l'homo sapiens. Il est un outil et est utilisé comme tel, cependant, ce n'est tout de même pas uniquement un outil puisqu'il est directement lié à la conscience, ainsi, traumatiser le corps de l'homo sapiens peut traumatiser la conscience qui peut donc marquer l'humain.

Il faut donc impérativement connaître son corps et le prendre en compte pour une cérémonie ou un rituel notamment. Une plaie physique peut donc être aussi dangereuse qu'une plaie psychique et une mauvaise préparation du corps est aussi risquée qu'une mauvaise préparation de tous les autres aspects du rituel en question. Il faut donc prendre le temps de bien vérifier son corps, et de bien préparer son physique également que ce soit par de la respiration, des échauffements, du sport, ou tout autre exercices bénéfiques.

Le corps ayant un impact direct sur les pratiques même les plus basiques comme la méditation, il ne faut pas le prendre à la légère et i faut autant l'entrainer que le reste. Il peut donc être utile de faire quelques exercices avant les méditations, rituels ou cérémonies. Par exemple en se frottant la peau sur tout le corps pour y faire correctement circuler la vie, ne pas hésiter à prendre des douches froides pour bien être réveiller et en possession de ses moyens. L'essentiel étant d'adapter ses exercices et ses pratiques à ses besoins tout en ayant un corps physique en bonne santé et surtout qui n'est pas traumatisé et dans lequel la vie circule correctement. Évidemment il ne faut pas oublier, tout comme les rituels et toutes les autres pratiques, d'appliquer les intentions sur les pratiques physiques également et ne pas aller contre son envie, il faut être en conscience. Même ce que certains qualifieront de sévices pour leur corps peuvent être bénéfiques pour vous.

La conscience

La conscience de l'homo sapiens au même titre que n'importe quel animal est l'aspect mental de celui-ci. Ce qui le relie au monde qui l'entoure et lui permet de comprendre des concepts basiques comme le besoin de se nourrir ou de reproduction. C'est également la partie qui se réincarne dans un autre animal de son espèce et qui en transmet les mémoires et le parcours de ses vies passées après la mort.

Le mental

Il s'agit là de la capacité intellectuelle de l'homo sapiens. Il rend possible l'analyse, la mesure et la recherche. Le mental a besoin d'un cerveau fonctionnelle pour se manifester dans son plan. À la mort du cerveau, le mental cesse d'être. Il est également le diplomate de la relation entre la conscience et l'humain.

L'humain

Cette entité est totalement séparée de l'homo sapiens. En revanche, ça n'est pas parce que l'humain est séparé de l'homo

sapiens qu'il n'interagît pas avec celui-ci. En effet, un traumatisme sur la conscience engendré par un traumatisme physique
peut avoir un impact réel sur l'humain. Ainsi, même si l'humain
n'a pas besoin d'homo sapiens pour exister. Il peut toutefois
fonctionner, être marqué et marquer l'entité qu'il incarne qui peut
donc être un homo sapiens ou bien autre chose.

Interaction entre l'humain et les autres parties de l'Être humain

Comme expliqué ci-dessus, l'humain est totalement séparé du reste de l'Être humain, mais il n'empêche tout de même
qu'il interagisse avec le reste. Le corps peut impacter la
conscience qui peut impacter l'humain que ce soit en bien ou
non. Inversement, l'humain peut impacter la conscience qui peut
également ou non impacter directement le corps physique. Un
exemple type : l'humain peut avoir des traumas de ses an-
ciennes incarnation et transmettre un ressenti de mal-être à la
conscience qui lui est liée. Elle-même décide alors en fonction
de ce que juge le mental, d'infliger une souffrance sur le corps
physique de l'homo sapiens afin de soulager le mal-être ressenti
par l'humain. Ainsi, le corps et la conscience s'impactent mu-
tuellement et peuvent donc impacter l'humain par le biais du
mental qui est là en tant que juge intellect. Pour résumer, voici
les interactions possibles.

corps > conscience > mental > humain

Humain > conscience > mental > corps

Chapitre VIII : Réalité

À présent nous allons voir ce qu'est la réalité. Pour définir ceci, nous allons voir plusieurs concepts comme le mensonge, la vérité, la réalité personne et la réalité universelle. À travers ces prismes, je pense que nous verrons donc les différents aspects de la réalité d'après-moi. En abordant de telles notions, nous nous éloignons peut-être de la magie en premier abord mais il est essentiel de bien comprendre celles-ci afin de pouvoir pratiquer correctement la magie avec moins de risques. Je me concentre beaucoup sur la réalité universelle et pour pouvoir voir la réalité cachée derrière le tout, il est important de comprendre toutes ces notions pour faire sa réalité personnelle qui dans l'idéal devrait être au plus proche de la réalité universelle. Enfin ce sont bien sûr des outils et comme tous les outils, si vous ne les connaissez pas ou ne les maîtriser pas en les utilisant, certaines entités ou personnes peuvent les utiliser contre vous et il faut être capable de s'en rendre compte.

Mensonge

Dans notre ère, il est souvent mal interprété de mentir à quelqu'un. Souvent, le mensonge est mal vu et est assimilé à de la trahison ou peut alors engendrer une haine à la suite d'une réaction homo sapiens qui se sent alors lui-même trahi. Cependant, le mensonge est utile à maîtrise et à connaître. Il ne faut pas mal l'interpréter ou y voir du négatif. Il s'agit là d'un outil comme un autre qu'il faut savoir utiliser à son avantage. De plus, se sentir trahi ou en haine à la suite d'un mensonge ne fait que créer une faille en vous et une perte de vos moyens la majorité du temps. Rares sont les homo sapiens qui réagissent positivement et reste en possession de leurs moyens lorsqu'ils sont énervés.

Mentir permet non seulement de cacher une information pour se sauver d'une situation mais peut également empêcher une personne de s'améliorer ou, inversement, l'encourager dans sa progression. Bien maîtrisé et utilisé, un mensonge peut permettre de faire énormément de choses. Il ne faut pas oublier que parfois lors d'une invocation ou d'une évocation, une entité comme une personne peuvent se présenter et mentir, que ce soit sur son intention ou même sur son identité. Il est donc important d'être apte à distinguer le mensonge de la vérité afin de pouvoir agir en conséquence et ne pas se faire avoir.

Vérité

Beaucoup pensent que la vérité est forcément bénéfique. Encore une fois, je dirai que ce n'est pas le cas. J'aurai même tendance à légèrement comparer la vérité et le mensonge à l'idée que se font les gens de la magie blanche et noire. Tout comme elles, le mensonge et la vérité ne sont pas forcément pourvus d'intention nuisante ou amicale. Ainsi il peut parfois être utile de dire la vérité pour aider quelqu'un à progresser comme pour empêcher quelqu'un de progresser. Pour illustrer cela facilement : dire une vérité pouvant blesser un homo sapiens peut l'empêcher dans sa progression alors que lui mentir lui permettrai de s'améliorer.

Réalité personnelle

Ce qui définit la réalité personnelle est l'interprétation de la vérité et du mensonge par la personne qui reçoit ceux-ci. Plus directement, ce qui compte c'est ce que l'interlocuteur – physique ou non – pense de ce que vous dite. Lorsque vous dites quelque chose à un interlocuteur sur votre vie, il n'a pas forcément la possibilités de vérifier vos dires et ne pourra que vous croire sur parole sans savoir si vous mentez ou non. Ainsi, que ce soit vrai ou non, ce qui compte c'est la manière d'interpréter vos dire qu'a l'interlocuteur. Si votre mensonge, pour lui est vrai, dans sa réalité votre dire est un fait avéré. Ainsi, tout ce que votre interlocuteur pensera, ou fera, par rapport à votre mensonge, sera donc inefficace. Si vous invoquez une entité A pour nuire à une entité B, mais qu'une entité C se présente à la place de A en se présentant comme elle, vos ordres seront inefficaces et n'auront aucun effet si vous ne décelez pas le mensonge et continuer d'agir en fonction de votre réalité personnelle. Votre réalité personnelle est donc différente de la réalité universelle car vous interpréteriez un mensonge comme une vérité. Dans ce cas précis, cela pourrait n'avoir aucune efficacité, voir même, vous nuire totalement.

Bien évidemment tout n'est pas aussi simple autour de nous mais c'est une manière simple d'illustrer ce qu'est cette notion.

Réalité Universelle

La Réalité Universelle est tout simplement la réalité au-delà d'interprétation, de mensonge ou de vérité. Il s'agit simplement de ce que vous pourriez voir si vous étiez omniscient. La Réalité Universelle loge dans le quatrième plan qu'est le plan intuitif que nous aborderons plus tard. C'est tout simplement, la réalité au sens simple du mot. Il est donc important de se concentrer sur cette réalité, tenter d'être omniscient et de prendre conscience de celle-ci afin de pouvoir agir et de ne pas être leurré par sa propre réalité. On peut donc agir correctement

que ce soit en continuant de le sens du mensonge ou son opposé, mais toujours dans son propre but et donc ne pas agir en
étant le support d'une autre entité. Encore une fois, il reste important d'agir en conscience de ses actes afin de ne pas être
dans l'erreur ou la faute qui tous deux peuvent être punis.

Chapitre IX : Manquement

Le manquement est le nom que je donne à deux notions que sont l'erreur et la faute. Le manquement est la notion la plus simple à expliquer mais ces deux concepts sont liés à la conscience et on tous deux un impact. En magie, il est nécessaire de faire les choses en accord avec sa conscience et ce que l'on pense pour ne pas, notamment, éprouver des émotions sapiennes pouvant impacter notre vie en négatif tels que des remords. Parfois on ne peut bien sûr pas échapper à un manquement mais il faut faire au mieux pour ne pas en commettre et ainsi en éviter les conséquences.

L'erreur

Il s'agit de la forme de manquement la plus faible, l'erreur est la conséquence d'un acte ne respectant pas vos valeurs ou votre volonté sans même s'en rendre compte en premier abord.

La faute

Quant à la faute, il s'agit de la forme la plus forte du manquement. Elle est similaire à l'erreur à ceci près que vous agissez en pleine conscience de vos acte, vous agissez consciemment contre votre volonté ou vos valeurs.

Conséquences

Peu importe votre manquement, vous subirez un retour pouvant être facile à gérer ou non. Ce qu'il faut comprendre c'est que malgré vos capacités et votre incarnation, votre corps reste celui d'un animal tout comme sa conscience. Agir contre vos valeurs peut donc traumatiser cette conscience ou la heurter. Vous devrez alors agir et travailler sur vous afin de vivre avec ceux-ci sur la conscience ou pouvoir passer outre et l'oublier. Il est donc important de réellement se demander si l'acter que l'on s'apprête à commettre respecte fondamentalement nos valeurs et si l'on éprouvera ou non des remords, simplement car un traumatisme comme les remords engendrés créés également une faille et demande un effort supplémentaire pour rester en pleine possession de ses moyens.

Chapitre X : Le Divin

Dans ce chapitre je vais commencer par expliquer ce qu'est un dieu, une déesse et la Source selon moi. Je continuerai ensuite en parlant des dieux et déesses plus en détail ainsi que l'importance du féminin comme du masculin.

Un Diamant

Pour illustrer le concept de dieux et déesses et ce que je nomme la Source, je prends l'image d'un diamant classique. Le Diamant représente la Source originelle, c'est-à-dire tous ce qui a été, ce qui est et ce qui sera. Pour le peuple grec : il s'agirait du chaos et d'un point de vue scientifique : du big bang. De mon point de vue, il ne s'agit pas d'un divin, d'un dieu ou d'une déesse, mais simplement de ce qui, est, à l'origine de tout.

Ce Diamant possède plusieurs facettes, chacune est une caractéristique de la Source. C'est donc celles-ci que je nomme comme des dieux et des déesses. Chaque dieux et déesses représentent une caractéristique de la Source originelle. Si chacun d'eux représente une caractéristique de la Source, ça n'est pas par hasard. Les Êtres humains ayant donnés des noms à ces caractéristiques et les ayant divinisées en priant pour elles, en leur donnant leurs énergies et en ritualisant pendant des années, un Égrégore s'est formé autour de ce nom et s'est attribué la caractéristique en question. Bien sûr, chaque caractéristique peut avoir un comme plusieurs Égrégores. Les plus nourrit et les plus puissants d'entres-eux ont pu par la suite prendre conscience de leur existence et par la suite accompagner les gens par certaines manières que ce soit pour les aider ou pour les contrôler. C'est lorsqu'un Égrégore développe sa conscience que l'on peut alors parler de dieu et déesse. Le prochain chapitre leur sera consacré afin de pouvoir détailler plus en détail leur fonctionnement.

Ainsi si l'on souhaite faire appel à la guerre, qui comme tout ce qui est, a été ou sera, est une caractéristique de la Source, on peut appeler Athena comme Freyja. Le choix de la divinité choisie dépend totalement de notre ressenti et notre recherche. Si nous sommes en froid avec une divinité, autant faire appel à une autre pour la même caractéristique.

Masculin et Féminin sacrés

En plus d'avoir des caractéristiques différentes, la Source est elle-même masculine et féminine à la fois. Il n'y a pas de vie sans les deux réunis. Par ailleurs, déesses comme dieux ont une importance et une puissance parfaitement égale et se complètent l'un l'autre. Malgré cela, il y a bien sûr des personnes qui ne pratiquent qu'avec le féminin ou seulement avec le masculin et chacun l'entend comme il veut ou comme il peut, pouvant peut-être prendre le risque de créer un déséquilibre au sein de l'Égrégore. Le tout étant de maîtriser le pourquoi et de bien être en conscience de ses agissements. Il peut être plus pertinent de faire appel à un dieu parfois tout comme il peut être plus pertinent de faire appel à une déesse, cela dépend de vous, votre but et vos rapports avec ces deux concepts également.

Pour terminer, je précise qu'il ne faut pas confondre le divin et les divinités. Nous avons vu que le divin est une source desquelles nous appelons les caractéristiques au travers d'Égrégore ou de dieux et déesses. Nous allons à présent aborder les Égrégores et par la suite les divinités.

Chapitre XI : Égrégore

Bien que le concept d'Égrégore soit étroitement lié au divin, il me semble important de toutefois le séparer et de lui consacrer un chapitre à part entière afin de pouvoir plus amplement en détailler les concepts et permettre une compréhension plus aisée de tout cela. L'Égrégore est la représentation d'un esprit de groupe, une entité créée par les énergies d'un groupe de personnes allant dans un même sens. Il relie ces personnes et renforce leurs énergies et peut donc leur permettre certains rituels ou une ascension que ces personnes ne pourraient pas faire en étant seules. Bien sûr, les religions forment des Égrégores qui eux peuvent devenir des divinités selon la taille du groupe religieux, leurs relations à leur dieu ou déesse en devenir et leurs pratiques magiques. Une religion intégrant soumission à son Égrégore et pratiquant des rituels sacrificiels augmentera alors la prise de conscience et l'incarnation potentielle d'un humain en celui-ci. À contrario, une religion intégrant un rapport égal entre Être humain et divinité et qui ne fait pas de pratiques magiques diminue les probabilités de divinisation de celui-là.

J'aime visualiser les Égrégore comme des nuages. Nuages qui reposent au-dessus de chaque personne qui en fait partie. Selon l'origine de l'Égrégore en question et sa fonction, il peut interagir avec ses membres. On peut alors déceler si une personne est malade, ou touchée par une quelconque énergie, mais on peut également savoir si quelque chose touche à notre Égrégore et agir en fonction. Celui-ci étant disons, nourri, par les énergies de ses membres, on peut également l'utiliser et l'appeler lors de rituel ou autres afin d'accentuer leurs effets. Ce nuage qui plane au-dessus des gens peut avoir un nom qui lui est donné avant même qu'il ne soit formé ou parfois après. Mais si un groupe de personnes commence à se rassembler autour de la foudre et prier la foule, souhaitant la diviniser inconsciemment, ce groupe trouvera moyen à lui donner un nom rapidement ce qui n'est pas forcément volontaire. Mais on retrouve souvent dans les racines des noms de dieux et déesses un rapprochement à sa fonction.

Divinisation de l'Égrégore

Lorsqu'un Égrégore a suffisamment grossi et surtout s'il possède un nom, il peut être amené à prendre conscience de son existence. C'est un peu comme un réveil chez l'être humain. Dès lors, il prend conscience et peut alors agir et parfois se reprogrammer ou définir son but, littéralement agir pour ses membres ou pour lui-même.

Si l'on retourne au chapitre VII sur l'Être humain, j'expliquais que l'humain peut s'incarner ou non, dans un corps physique ou non. En l'occurence, si l'humain s'incarne dans un Égrégore dont l'objectif est de représenter un dieu ou une déesse, il lui permet donc cette prise de conscience et son existence, l'humain incarné dans l'Égrégore forme alors ce dieu ou cette déesse dès lors que sa prise de conscience s'est effectuée. Tout comme l'Être humain, une incarnation dans un Égrégore n'est faite que si l'humain y voit un réel potentiel et une possibilité d'éveil. Il faut donc que l'Égrégore en question soit imposant et dégage une certaines énergie pour envisager une divinisation. Un humain n'a pas forcément d'utilité à s'incarner en quelque chose qui n'a aucun potentiel même si cela peut tout de même se produire.

But de l'entité divine

Parler du but de l'existence d'une entité divine n'est pas si facile… Il n'est déjà pas aisé de comprendre l'existence d'un Être humain donc je vais tâcher de faire de mon mieux pour exprimer celle d'une divinité. En soit, ledit but d'une telle entité reste dans le fond le même que si son humain s'était incarnée dans un autre réceptacle comme l'homo sapiens par exemple. Le but étant ancré en l'humain, peu importe son incarnation, il ne changera pas. Ce qui change en revanche c'est sa façon de procéder et les moyens qui sont mis à sa disposition pour réaliser son objectif, même si, tout comme pour l'Être humain, je ne pense pas qu'il y est un but à proprement parlé, notamment car le parcours de chaque humain étant marqué de ses Ives passées, s'il existait bel et bien un but originel lors de sa création, il a probablement dérivé pour autre chose.

Enfin pour conclure sur les divinités, comme tout humains, il y a des notions qu'elles n'ont pas. Elles ne sont pas omniscientes ni omnipotentes même si certaines s'en rapproche et elle ne sont ni supérieures ni inférieures à nous. Un humain reste un humain, peu importe son réceptacle.

Apprentissage de l'Égrégore

Il s'agit là de la façon qu'a celui-ci d'acquérir de nouvelles caractéristiques ou sens. L'apprentissage se fait de la même manière que l'Égrégore soit éveillé ou non, ce qui change c'est surtout son impact sur cet apprentissage et si oui ou non il intervient pour l'orienter.

N'étant pas même incarné au départ, il n'a pas conscience de son existence et les caractéristiques qu'il assimilera seront transmises par les énergies des humains – Êtres humains notamment – le priant et ritualisant en son honneur. Ainsi, si vous appelez toujours le même Égrégore pour un rituel de protection, cet Égrégore s'attribuera petit à petit la caractéristique de protéger et développera cette connaissance. Si des millions de personnes dans le monde prient cette caractéristique, il est clair que celui-ci sera puissant dans ce domaine. Maintenant, si cet Égrégore est incarné par un humain, l'humain en lui peut alors orienter l'apprentissage selon ses besoins, en prenant également en compte les prières de petits groupuscules. Lorsqu'il n'est pas incarné, même si un groupe de personnes le prie pour l'opposé de ce pour quoi des millions d'autres le prient, il ne s'attribuera jamais les caractéristiques pour lesquelles le petit groupuscule l'appel. Tout simplement car la puissance des millions de personnes l'écrase. En revanche, une fois incarnée et en ayant pris conscience de son existence, la divinité formée peut alors orienter l'apprentissage et également tenir compte de ce genre de groupuscules. En ajoutant ces énergies à ses connaissances, elles peuvent lentement mais sûrement changer l'Égrégore et son impact sur le mental des gens et leur ressenti.

Pour reprendre l'exemple du nuage, ce serait comme si le nuage devenait gris alors qu'il était blanc. On ne peut que le constater sans agir et l'on planifie les prochaines heures en fonction de celui-ci sans être en pleine décision de cela. Petit à petit même les autres personnes pourtant majoritaires, finiront par ressenti ainsi l'Égrégore changer et se mettront alors pour beaucoup à le prier dans le sens encouragé par l'humain en lui, notamment lorsque'il y a une relation personnelle de supériorité et d'infériorité établie par la religion en question. Auquel cas, les personnes ne remettant pas en question leur divin, finissent alors par faire comme celui)ci le souhaite sans se questionner.

Pour résumer, l'intervention d'un humain, et si il y a réveil de la conscience vis-à-vis de l'éveil de cet Égrégore, peut interférer sur l'apprentissage de celui-ci et engendrer de nouvelles connaissances voire même changer totalement son orientation. Dans l'histoire, il y a déjà eu plusieurs cas de dieux ou déesses qui ont changé leur caractéristiques et leurs attributs : des dieux guerrier qui sont devenus protecteurs par exemple.

Chapitre XII : Les Sept Plans

Après avoir abordé le concept de l'Être humain, des divinités et des Égrégores, je pense que vous comprenez mieux ce qu'est l'humain. Il me semble que c'est une notion importante à comprendre avant de découvrir les différents plans. Il s'agit là du dernier chapitre de ce livre. Cette vision des plans tout comme la totalité de ce livre n'est que ma vision du concept, il existe certainement plusieurs façon différentes de décrire les plans tout comme le reste.

Les plans sont très souvent appelés dimensions. On les représente les uns pardessus les autres comme une pile de papier, mais dans les faits c'est assez différent. En effet, les plans sont fluides et les uns au travers des autres, ils sont connectés. L'humain de manière générale à un accès à tous ces plans, il peut voyager de l'un à l'autre, peu importe son incarnation ou non. Il sera beaucoup plus facile pour un être humain d'accéder au physique, puisque c'est le plan de du réceptacle homo sapiens. Il lui sera en revanche beaucoup plus compliqué d'accéder au Nirvana par exemple qui est un plan plus éloigné de sa perception. Certaines choses sont présentes uniquement sur un plan ou l'autre.

Les plans sont fluides et interpénétrant les uns par rapport aux autres. Tous les plans communiquent ensemble en même temps par différents moyens. Cependant au même titre que la première, deuxième ou troisième dimension que l'on connaît, les plans peuvent avoir des diamètres et des surfaces différentes à chacun. Les plans supérieurs sont toujours plus vastes que les plans inférieurs. Enfin, les plans sont eux-mêmes divisés en plusieurs sous-plans ayant chacun leur propre caractéristiques également.

Ordre des plans

Voici les sept plans, dans un ordre qui me semble le plus logique et aisé à la compréhension en prenant un compte l'homo sapiens et ses capacités.

Plan physique, plan astral, plan mental, plan intuitif, plan du Nirvana, plan Égrégorien, plan Divin

Plan Physique

Le plan physique est le plus accessible à l'Être humain. Il s'agit d'un plan mineur de bas niveau et sa composition et la plus concrète. En effet l'Être humain est en contact permanent avec ce plan grâce aux sens de son réceptacle. Je ne vais pas m'étendre sur ce plan puisque grand nombres de scientifiques l'on déjà fait, tant par sa composition que la vie qui l'habite et même sans pouvoir percevoir l'ensemble des plan du physique, la science moderne permet également la compréhension de choses non perceptibles de ce plan.

Les sept sous plans du physique représentes tous différentes densités. Nous connaissons déjà les trois premiers que sont : l'état solide, liquide et gazeux. Le quatrième sous plan quant à lui a longtemps été inconnue de la science, mais nous savons à présent ce dont il s'agit, il s'agit de l'état plasma – souvent appelé éther en magie – mais à l'heure actuelle, nous n'en avons toujours pas la certitude, c'est encore en cours de découverte. Les trois derniers sous plans, eux, sont l'état supra éthique, subatomique et atomique.

Comme j'y ai fait allusion, en ésotérisme, nous regroupons les trois derniers ainsi que le quatrième sous plan dans ce que l'on nomme la matière éthérée. Elle est présente partout dans le physique. Le groupement de ces plans constitué des quatre sous plan éthiques est habité des esprits des quatre éléments[7] que sont les salamandres, les gnomides, les ondines et les sylphes. Les énergies dégagées par certains lieux ou personnes sont également composées de matières éthiques. Le corps physique de la vie y compris celui de l'homo sapiens est également composé de matière éthérée qui créent un réseau d'énergies en lui, réseau pouvant être déstabilisé par certaines étapes dans une vie, mais devant être équilibré au plus possible.

Plan Astral

Il s'agit du plan des émotions. Tout ce qui est douleur, plaisir, amour, haine et autres sont présents dans ce plan. On retrouve dans l'astral une matière qui est non dissociable de sa contrepartie du plan physique que ce soit pour un animal ou pour un object quelconque, nous pouvons donc les retrouver dans ce plan. On ne peut pas déplacer cette matière depuis l'astral, car elle est ancrée à sa position telle qu'elle est dans le plan physique, en revanche, on peut déplacer un être astral issu de ce même plan sans difficulté réelle. En plus d'y trouver les corps astraux liés à leur contrepartie physique, on peut y trouver également des humains et divers peuples natifs tels que les fées et autres entités, y compris des entités créées artificiellement par exemple.

Concernant ses sous plan, ses trois premiers sont ceux des cauchemars, de la haine et autres terreurs. Le quatrième

---

[7] Voir chapitre sur les éléments

sous plan est celui accueillant les désirs et les envies de l'humain. Les trois sous plans supérieurs, eux, sont l'ensemble de la carté, la perception spirituelle, les plans d'apprentissage et de progression pour un réveil de l'Être humain ou autre être éveillé notamment.

Dans ce plan, certaines notions que l'on connaît du physique n'existent pas. Encore une fois, chaque plan possèdent ses propres lois. La gravité et les besoins primaires n'y existe pas, il peut donc être pertinent de voyager en astrale lors d'une méditation ou tout autres travail que l'on souhaite perfectionner sans être limité par la soif, la faim, la fatigue pour ensuite revenir dans le physique – même si le plan mental est plus adapté pour ce genre de choses –.

Plan Mental

Le plan mental lui est plus subtil que le plan astral. Ce plan annule totalement le concept du temps et est divisé en deux parties biens distinctes, les plans mentaux concrets et les plans mentaux abstraits. Comme le temps n'y existe pas, se déplacer se fait à la vitesse de la pensée et tout ce qui arrive peut se produire à n'importe quel moment sans ordre chronologique. Ainsi il est beaucoup plus pertinent d'aller dans ce plan pour préparer quelque chose ou apprendre sans limitations de temps. Revenir ensuite dans le monde physique avec comme seul décalage temporel, le temps de la préparation pour le départ et le retour.

Mental Concret

Les quatre sous plans inférieurs du plan mental sont les plans du mental concret. C'est là que réside le mental de l'Être humain et tout autre mental d'être éveillés. Le mental concret est le lieu de la recherche, de la réflexion, de l'étude, de l'analyse, du pesage. C'est là où réside ce qui est formel.

Mental Abstrait

Les trois couches supérieures du mental sont les plans de abstrait du mental. C'est ici que se matérialise la conscience de chaque être pourvu d'une conscience. C'est le lieu de l'héritage de la connaissance et des expériences, ce sont les plans où résident les marques de chaque vie de la conscience accompagnées de leurs souvenirs. Ce sont également les zones qui communiquent avec notre mental et qui permettent la visualisation et ce qui est a trait à l'imagination de manière générale.

Plan Intuitif

Il est le quatrième plan et sert de jonction entre les trois plans inférieurs et supérieurs. Quittant les plans inférieurs, ce plan est le premier véritable plan supérieur et est par conséquent très complexe à atteindre. C'est ici que se trouve l'intuition, les informations à l'état pur et sans aucune transformation par des éléments externes tels que la réflexion. C'est ici que l'humain vient chercher les informations en brutes, en quelques sorte, ici réside la réalité universelle de ce qui est engendré par le vivant. Servant à lui seul de relais entre les six autres plans, il n'est pas composé de sous plan à proprement parlé.

Plan Nirvana

Souvent appelé Nirvana, il s'agit d'un plan, extrêmement important et très différents des autres. Il comprend en son sein toutes les connaissances tant celles du plan intuitif, que celles sur l'origine même de l'humain ou celle de la Source. Les connaissances passées, présentes et futur y sont inscrites.

Ce plan est important car il s'y présente un choix entre trois solutions.

1. L'annihilation totale de son humain, engendrant une mort physique de l'homo sapiens et supprimant toutes notions ésotériques de sa conscience et de son mental, ainsi même après plusieurs réincarnation, sa conscience étant tellement traumatisée de cela, jamais plus un éveil ne sera possible.

2. Le retour sur les plans inférieurs pour y répandre les connaissances spirituelles acquises et accompagner de nouveaux Êtres humains dans leur cheminement.

3. Sinon la progression de son cheminement en visant à toucher aux deux derniers plans ce qui engendre aussi une mort physique de l'homo sapiens, mais un traumatisme moindre sur sa conscience, car il n'y a pas de destruction totale de son composé actuel. À ce moment-là, l'humain quitte son incarnation pour s'incarner dans le plan Égrégorien et éveiller un Égrégore en lequel il s'incarnera.

Plan Égrégorien

Ce plan est le plan le plus proche du Divin. C'est dans celui-ci que vivent les Égrégores et leurs énergies. Tout comme un homo sapiens, un Égrégore n'est pas forcément éveillé et peut aussi agir sur ce qui l'entoure. C'est ici que l'humain arrive après désincarnation dans son cheminement de progression et il peut à présent s'incarner dans un Égrégore. Le choix de l'Égrégore – tout comme le choix de l'homo sapiens auparavant – dépend de l'objectif de l'humain en question, que ce soit son but originel ou un autre, le même qu'auparavant ou non.

Plan Divin

Celui-ci est le plan le plus éloigné et le plus complexe à la compréhension. Il est semblable au plan précédent mais n'est composé que d'Égrégore divinisés dont l'humain en son sein est capable d'avoir un réel impact sur les agissements dans le plan physique, mais aussi dans les autres. Ici réside la Source de tout. Chacune de ses caractéristiques et par conséquent chaque dieu et déesses s'y trouve. La Source en elle-même n'étant pas imaginable sous une quelconque forme puisqu'à la fois existante et inexistante, aucun plan ne peut la représenter concrètement puisqu'elle est dans tous les plans et en chaque concept, chaque notion et toutes caractéristiques que l'on puisse imaginer. Ainsi dans le plan Divin logent les dieux et déesses étant une part importante de la Source puisqu'ils peuvent également agir dessus.

Conclusion

C'est ici que s'achève le livre sur mon travail et ma façon de voir le monde ésotérique. J'ai bien évidemment omis certaines choses volontairement et je n'ai pas abordé plusieurs sujets qui n'ont pas leurs place ou auxquels je n'ai pas pensé. Je profite de cette page pour rappeler encore une dernière fois qu'il ne s'agit pas d'un livre initiatique mais simplement de ma façon de voir les choses et qui n'est peut-être pas du tout la même pour vous.

L'essentiel selon moi est d'être en accord avec soi et de continuer sa progression par les moyens qui nous sons donnés et qui sont à notre portée.

Vous l'aurez donc compris, selon moi, la magie n'est que science inexpliquée en l'état actuel.

J'espère avoir été la plus claire possible dans mes explications afin que cela reste lisible et au mieux compréhensible.

À propos de l'auteure

Gwinn Munidh est une jeune initiée d'un collège druidique matriarcal ancestral. Après avoir grandie dans certaines voies et avoir pratiqué dans celles-ci, la voilà aujourd'hui qui continue son chemin et son éveil en découvrant le druidisme.

Elle n'oublie pas et ne raye pas les connaissances qu'elle a pu acquérir par le passé, elle continue simplement son apprentissage et progresse comme elle peut à son rythme.